yukismart.com/b/6abe96
AF363175
1
2

Baby
เด็กทารก

dek tharok

Junge
เด็กผู้ชาย

dekphuchai

Freunde
เพื่อน

phuean

Mädchen
เด็กผู้หญิง

dek phuying

lächeln

ยิ้ม

yim

weinen

ร้องไห้

ronghai

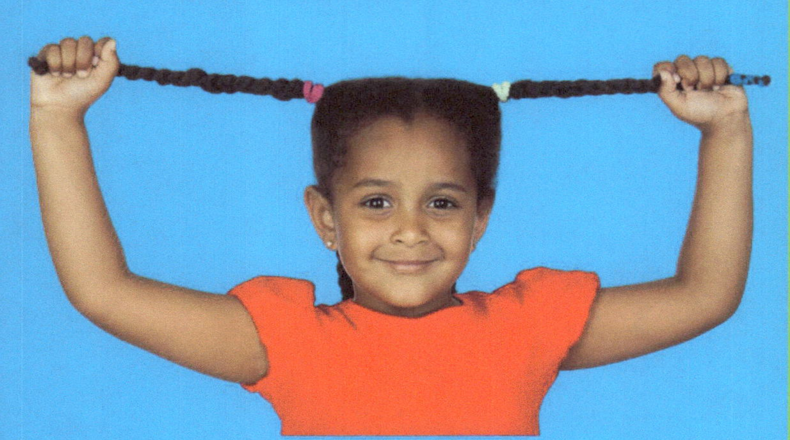

Haare

ผม

phom

Auge

ตา

ta

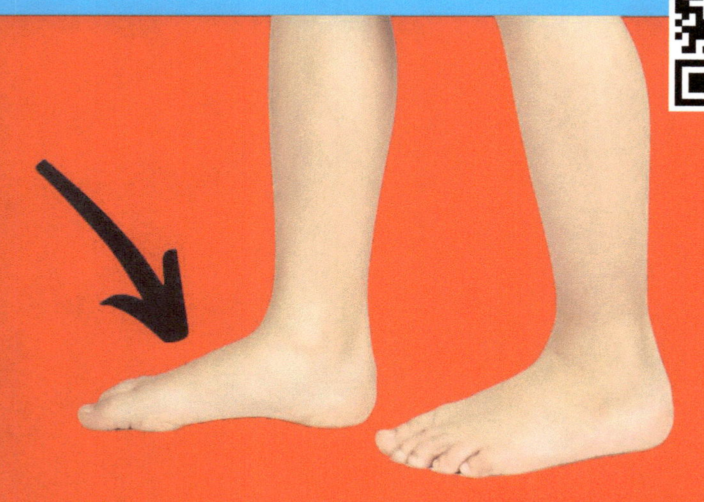

Fuß

เท้า

thao

Hand

มือ

mue

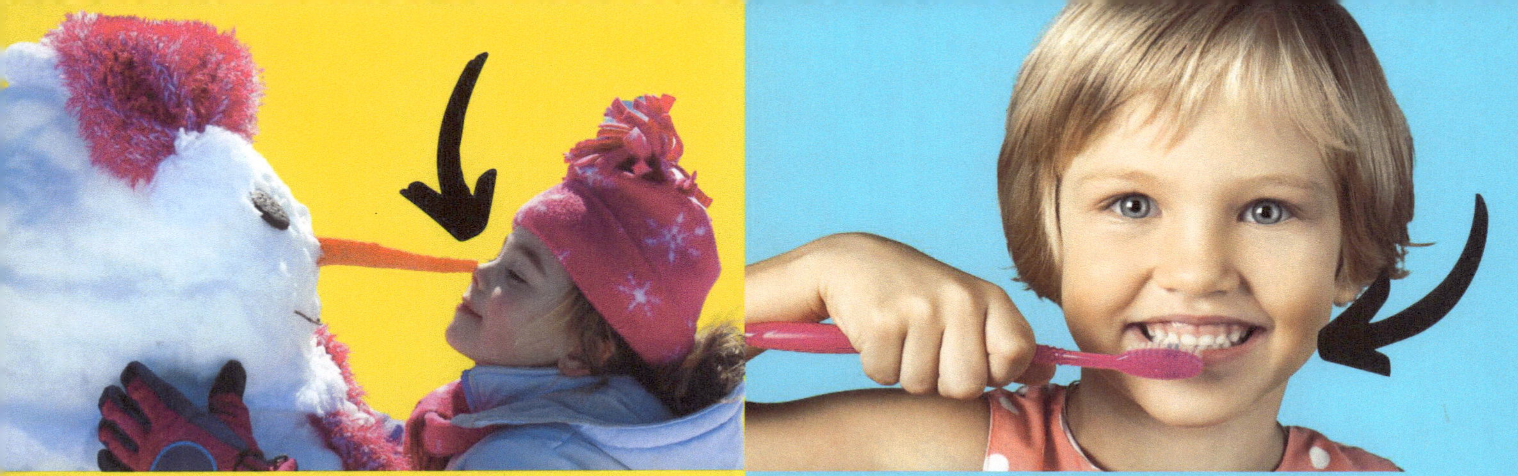

Nase

จมูก

chamuk

Zähne

ฟัน

fan

Ohr

หู

hu

Zunge

ลิ้น

lin

Sonne
ดวงอาทิตย์
duang-athit

Mond
ดวงจันทร์
duangchan

Stern
ดาว
dao

Baum

ต้นไม้

tonmai

Vogel

นก

nok

Mantel

เสือโค้ท

suea khot

Hose

กางเกงขายาว

kangkengkhayao

Kleid

ชุดกระโปรง

chut kraprong

Schuhe

รองเท้า

rongthao

rot

แดง

daeng

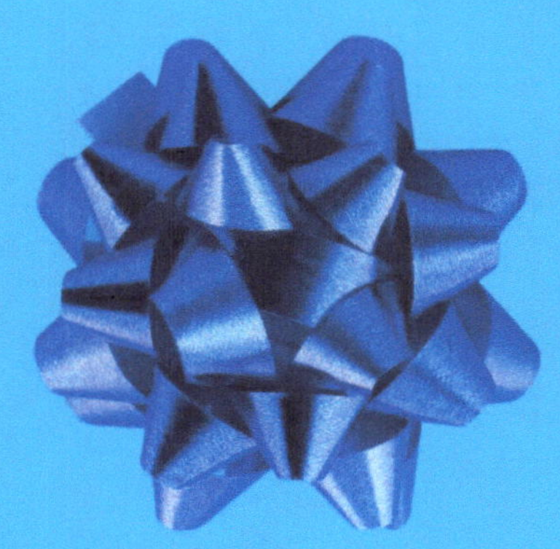

blau

ฟ้า

fa

gelb

เหลือง

lueang

rosa

ชมพู

chomphu

weiß

ขาว

khao

grün

เขียว

khiao

schwarz

ดำ

dam

bunt
หลากสี
lak si

Regenbogen

รุ้ง

rung

Apfel
แอปเปิล
aeppoen

Banane
กล้วย
kluai

Tomate
มะเขือเทศ
makhueathet

Orange
ส้ม
som

Karotte

แครอท

khaerot

Erbsen

ถั่ว

thua

Kartoffel

มันฝรั่ง

manfarang

Mais

ข้าวโพด

khaophot

Zitrone

มะนาว

manao

Weintrauben

องุ่น

angun

Birne

แพร์

phae

Wassermelone

แตงโม

taengmo

Zucchini
ซุกินี
su kini

Ei
ไข่
khai

Pilz
เห็ด
het

Quadrat

สีเหลียมจัตุรัส

siliamchatturat

Kreis

วงกลม

wongklom

Rechteck
สี่เหลียมผืนผ้า

siliamphuenpha

Dreieck
สามเหลียม

samliam

Katze

แมว

maeo

Hund

สุนัข

sunak

Fisch

ปลา

pla

Kuh
วัว

wua

Ente
เป็ด

pet

Küken
ลูกไก่

lukkai

Henne
แม่ไก่

mae kai

Frosch

กบ

kop

Schwein

หมู

mu

Hase

กระต่าย

kratai

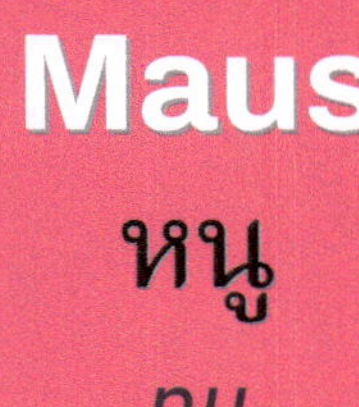

Maus

หนู

nu

Pferd
ม้า
ma

Schaf
แกะ
kae

Blume
ดอกไม้

dokmai

Schmetterling
ผีเสื้อ

phisuea

Marienkäfer
แมลงเต่าทอง

malaengtaothong

Schnecke
หอยทาก

hoithak

Kuchen

เค้ก

khek

Brot

ขนมปัง

khanompang

Uhr

นาฬิกา

nalika

Schlüssel

กุญแจ

kunchae

Buch

หนังสือ

nangsue

Ball

ลูกบอล

lukbon

Tisch
โต๊ะ
to

Teller
จาน
chan

Stuhl
เก้าอี้
kao-i

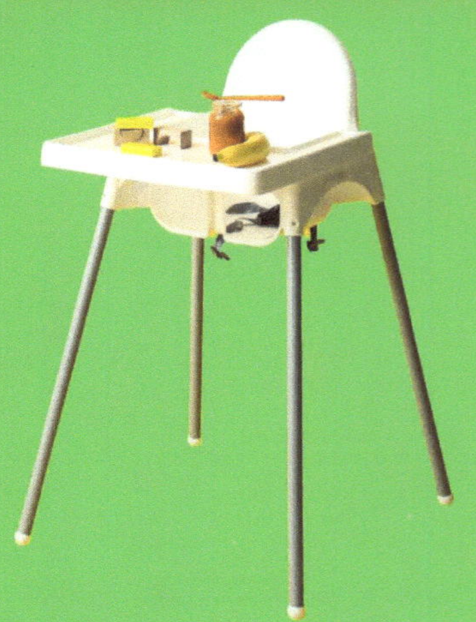

Hochstuhl
เก้าอี้สูง
kao-isung

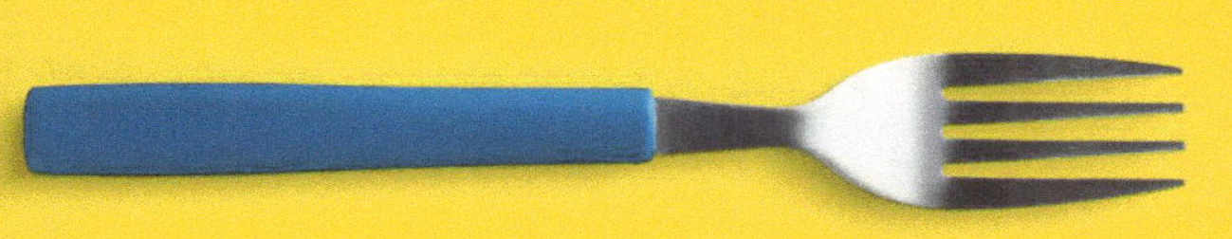

Gabel
ส้อม

som

Messer
มีด

mit

Löffel
ช้อน

chon

Tasse
ถ้วย

thuai

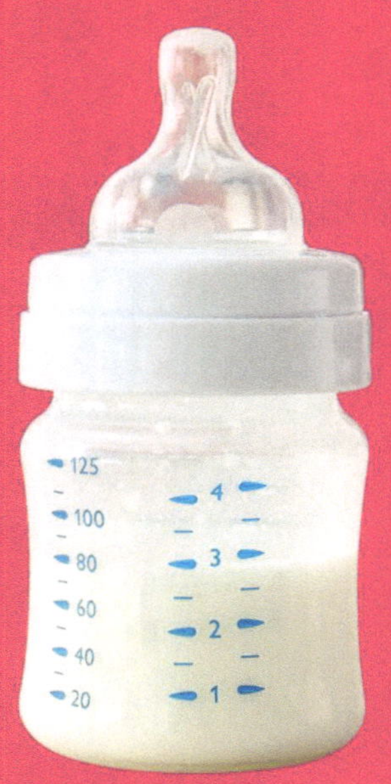

Babyflasche

ขวดนม

khuatnom

Glas

แก้ว

kaeo

Bett
เตียง

tiang

Krippe
เตียงเด็ก

tiangdek

Teddybär
ตุ๊กตาหมี

tukkata mi

Schnuller
จุกนม

chuk nom

Handtuch
ผ้าขนหนู

phakhonnu

Waschbecken
อ่างล้างมือ

anglangmue

Zahnbürste
แปรงสีฟัน

praengsifan

Seife
สบู่

sabu

Toilette
โถส้วม
thosuam

Töpfchen
กระโถน
krathon

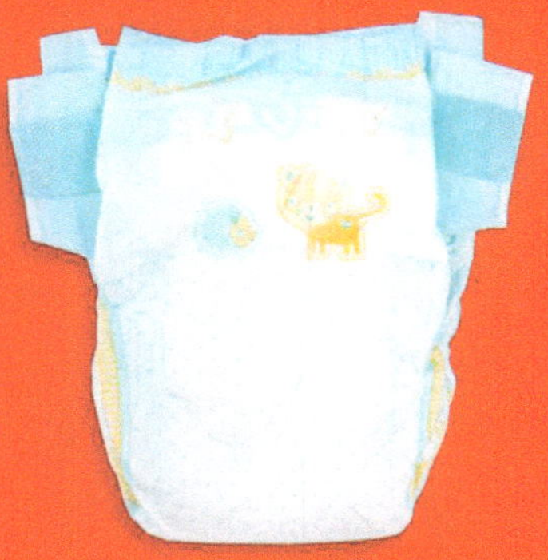

Windel
ผ้าอ้อม
pha-om

Auto
รถยนต์

rotyon

Fahrrad
จักรยาน

chakkrayan

Flugzeug
เครื่องบิน

khrueangbin

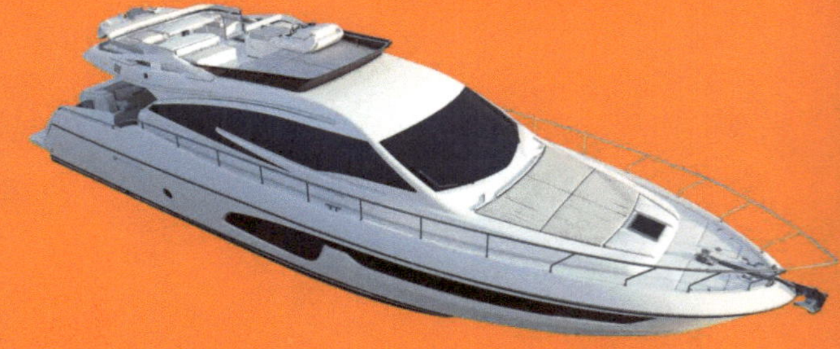

Boot
เรือ

ruea

Feuerwehrauto

รถดับเพลิง

rotdapphloeng

Zug

รถไฟ

rotfai

Spielzeuge

ของเล่น

khonglen

www.ingramcontent.com/pod-product-compliance
Lightning Source LLC
LaVergne TN
LVHW071454190726
843512LV00023B/312